AF241426

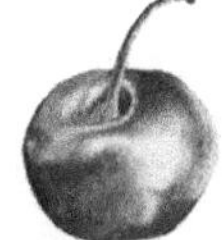

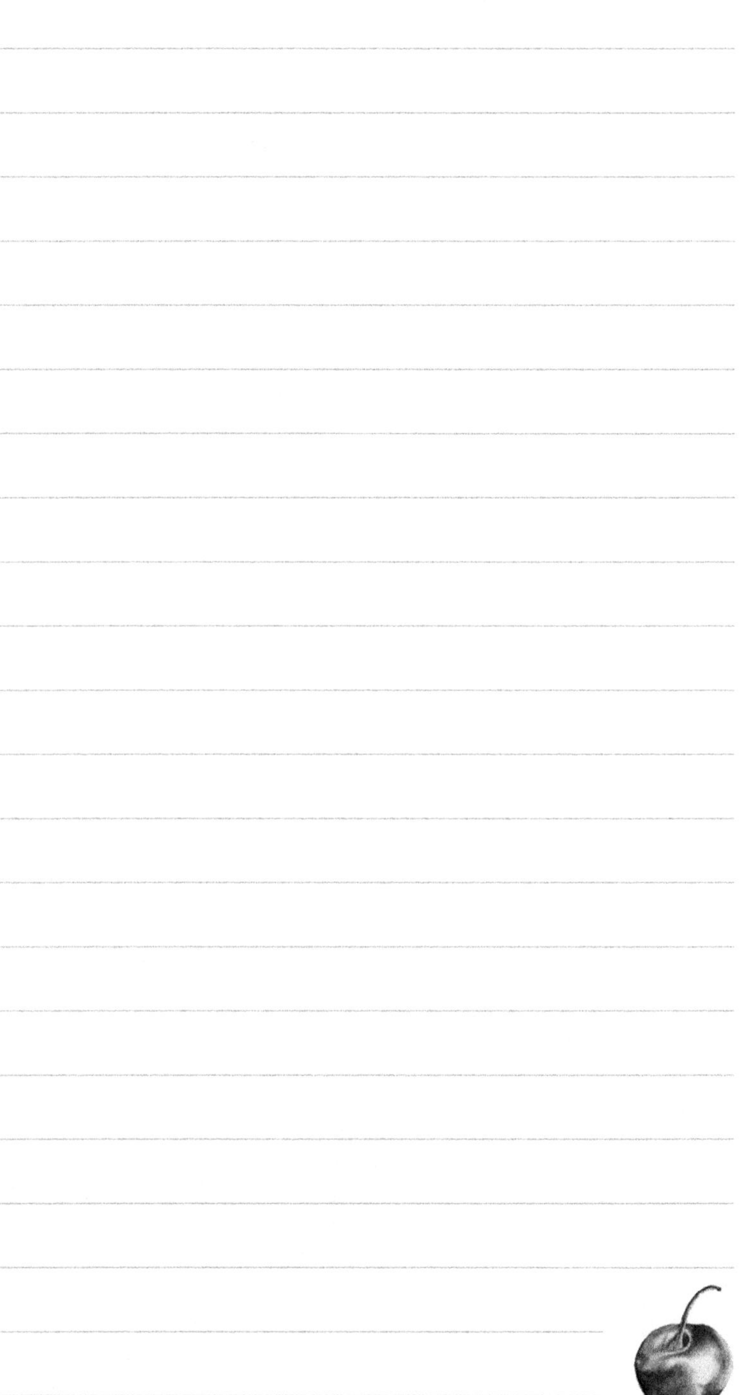

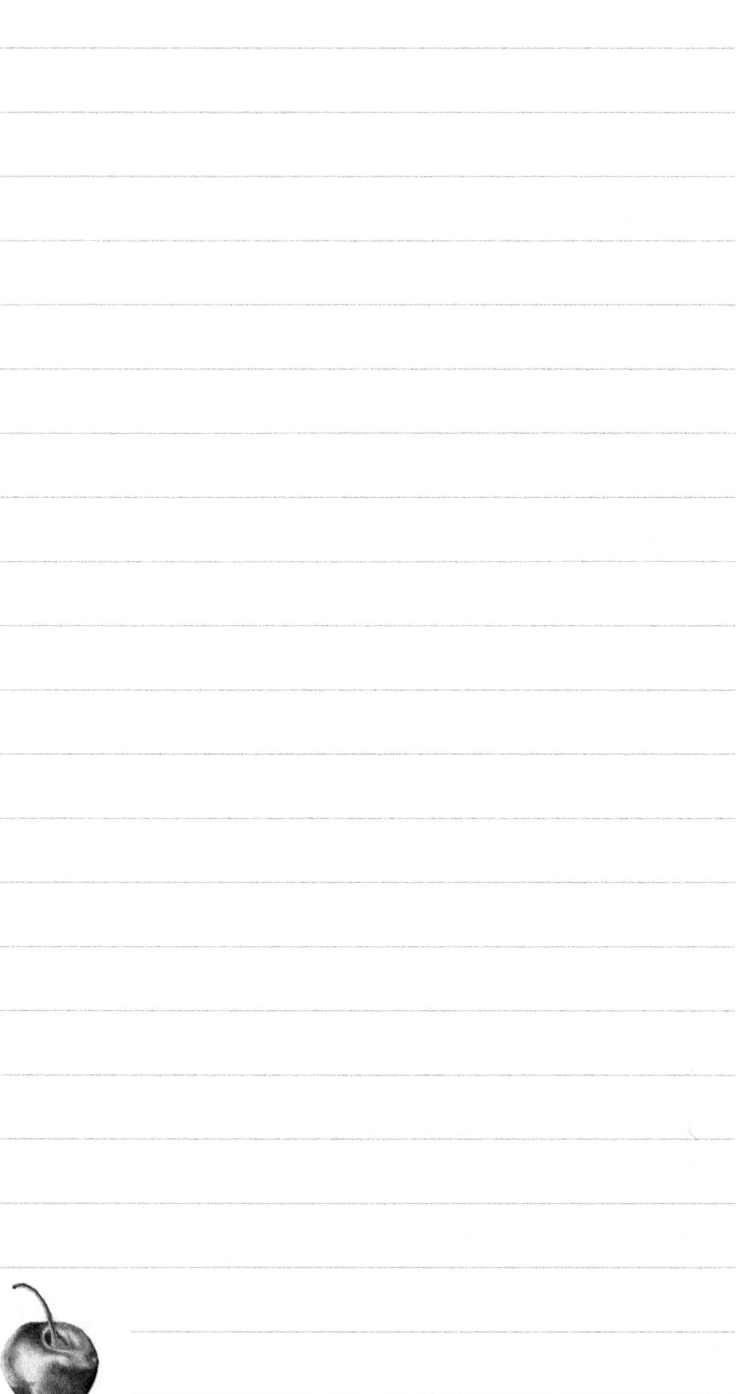

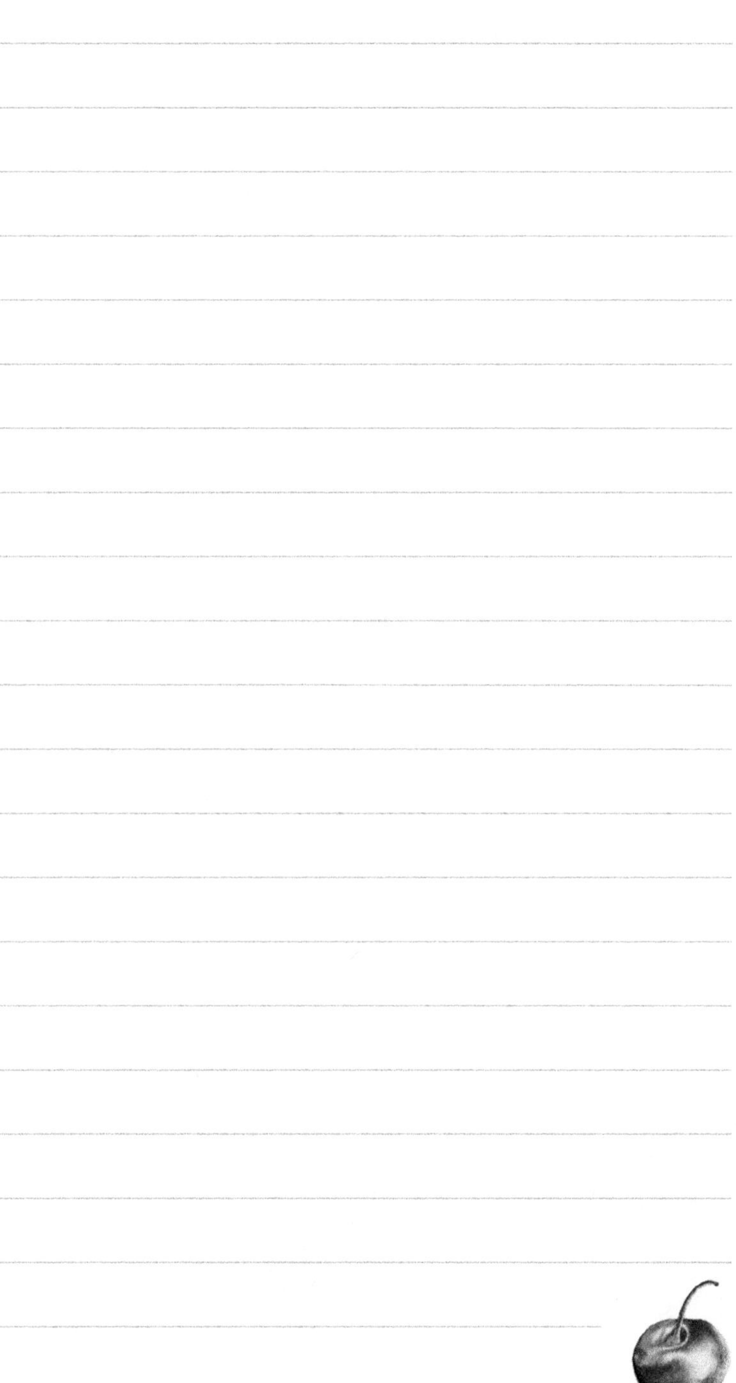

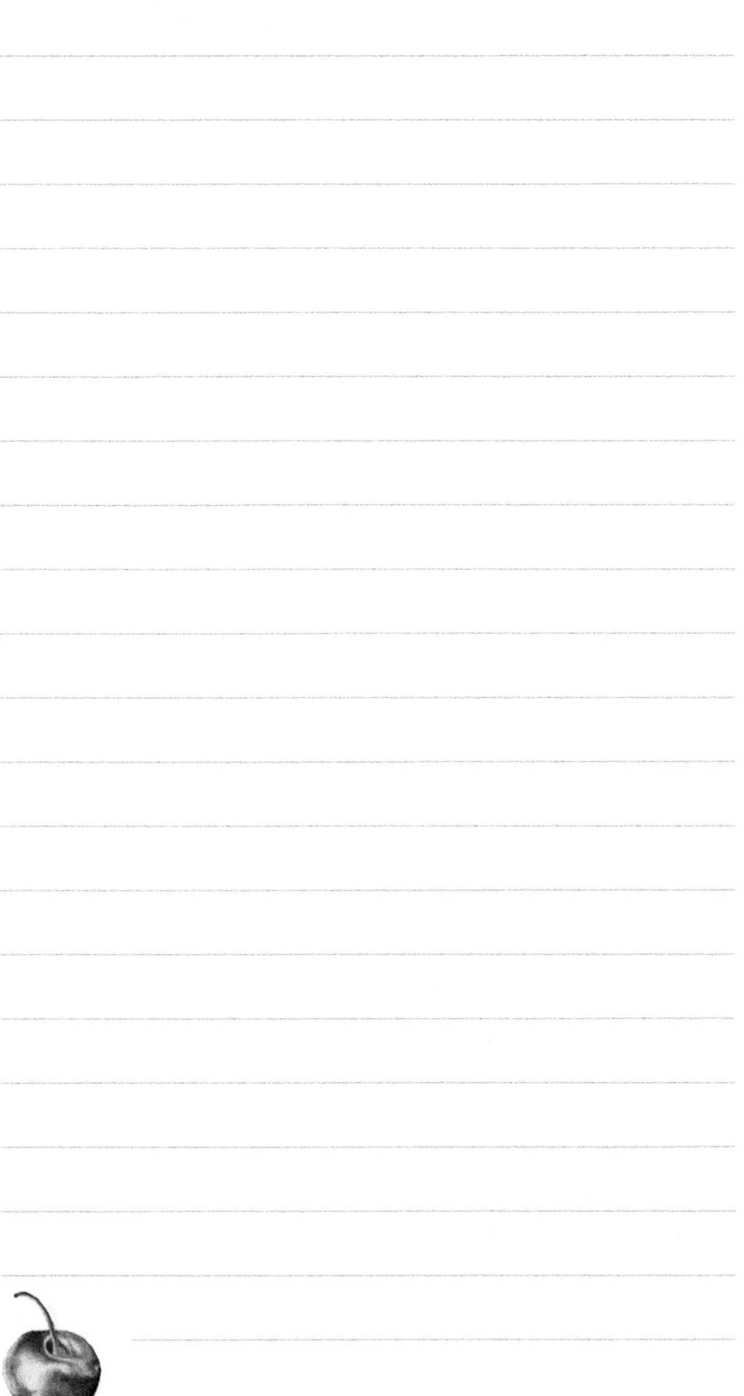

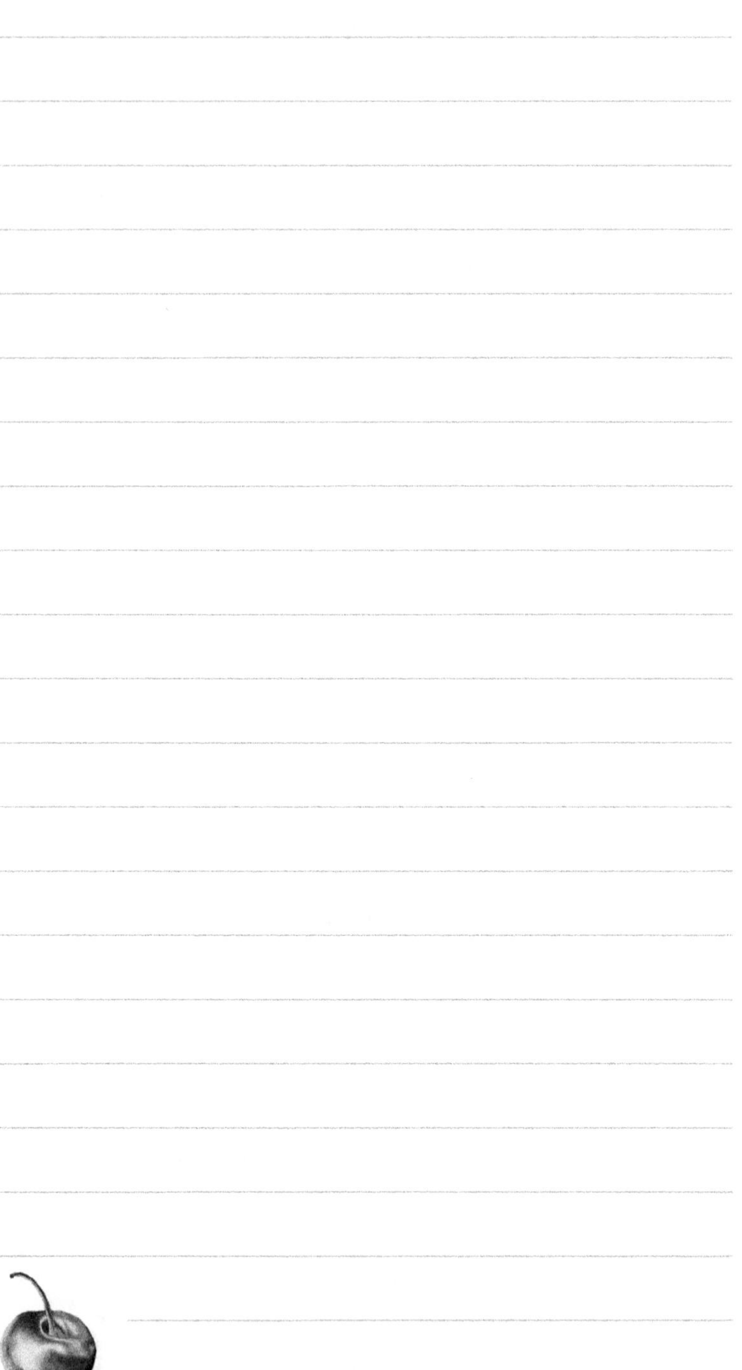

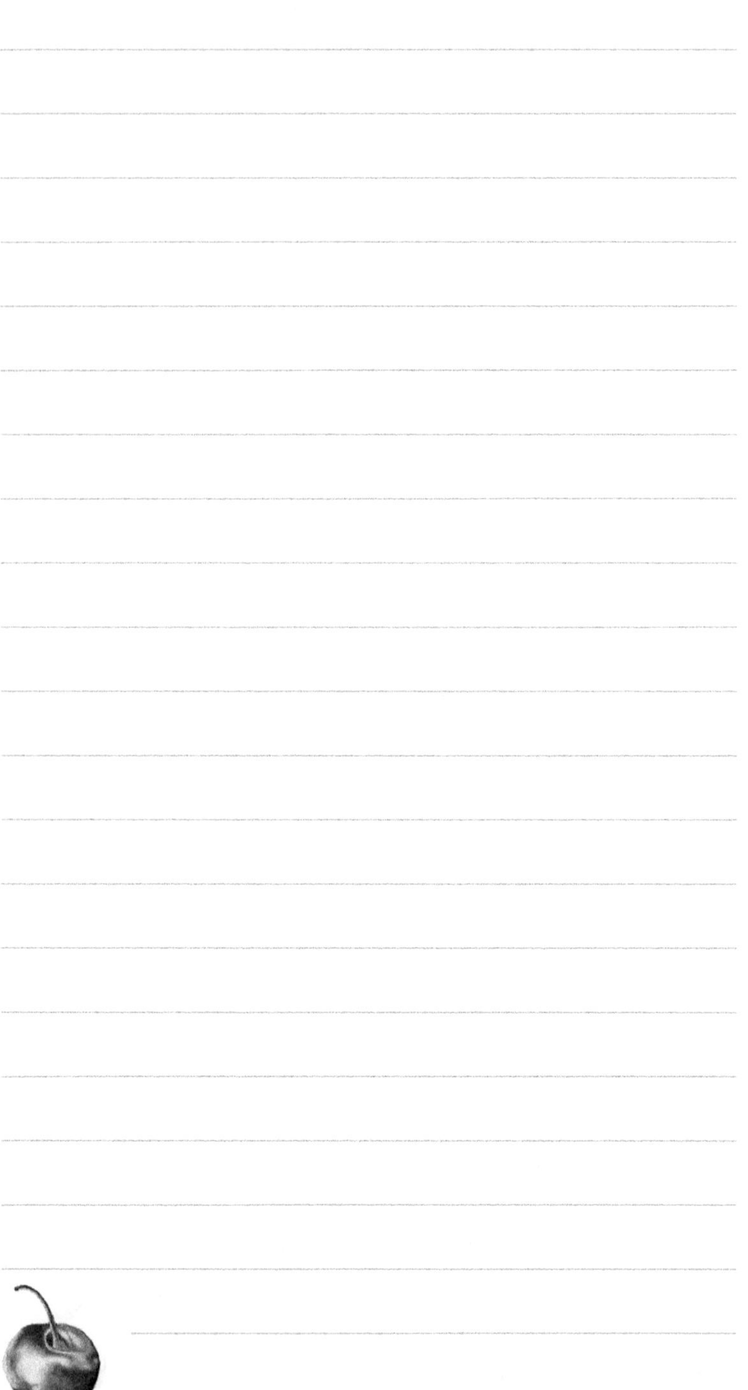

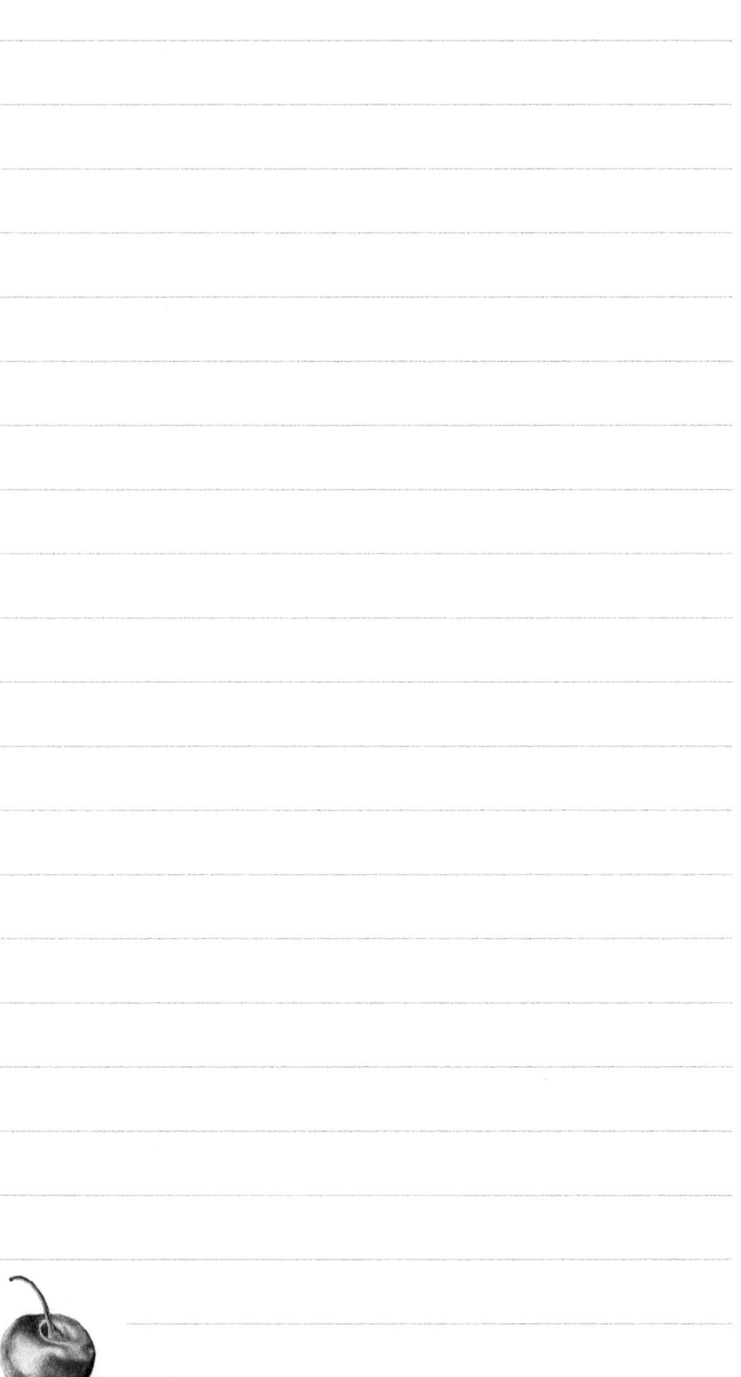

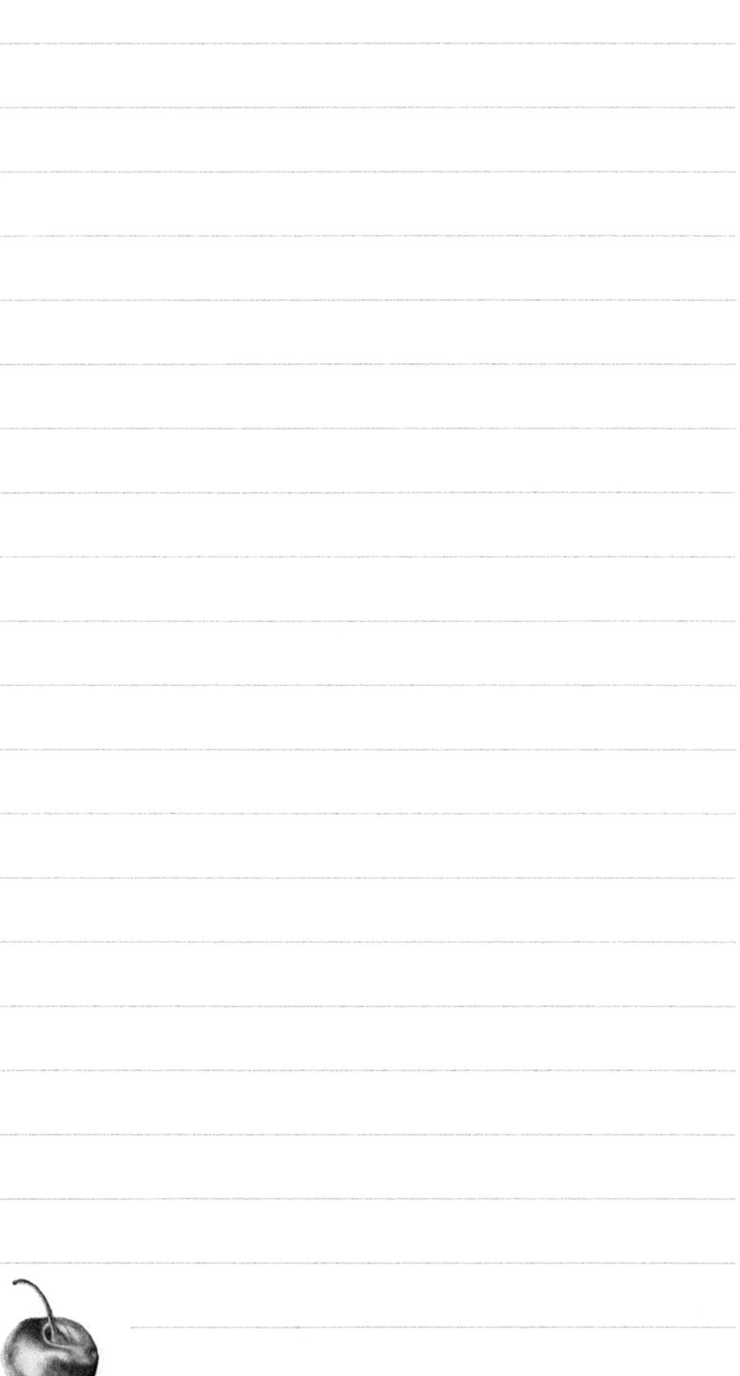

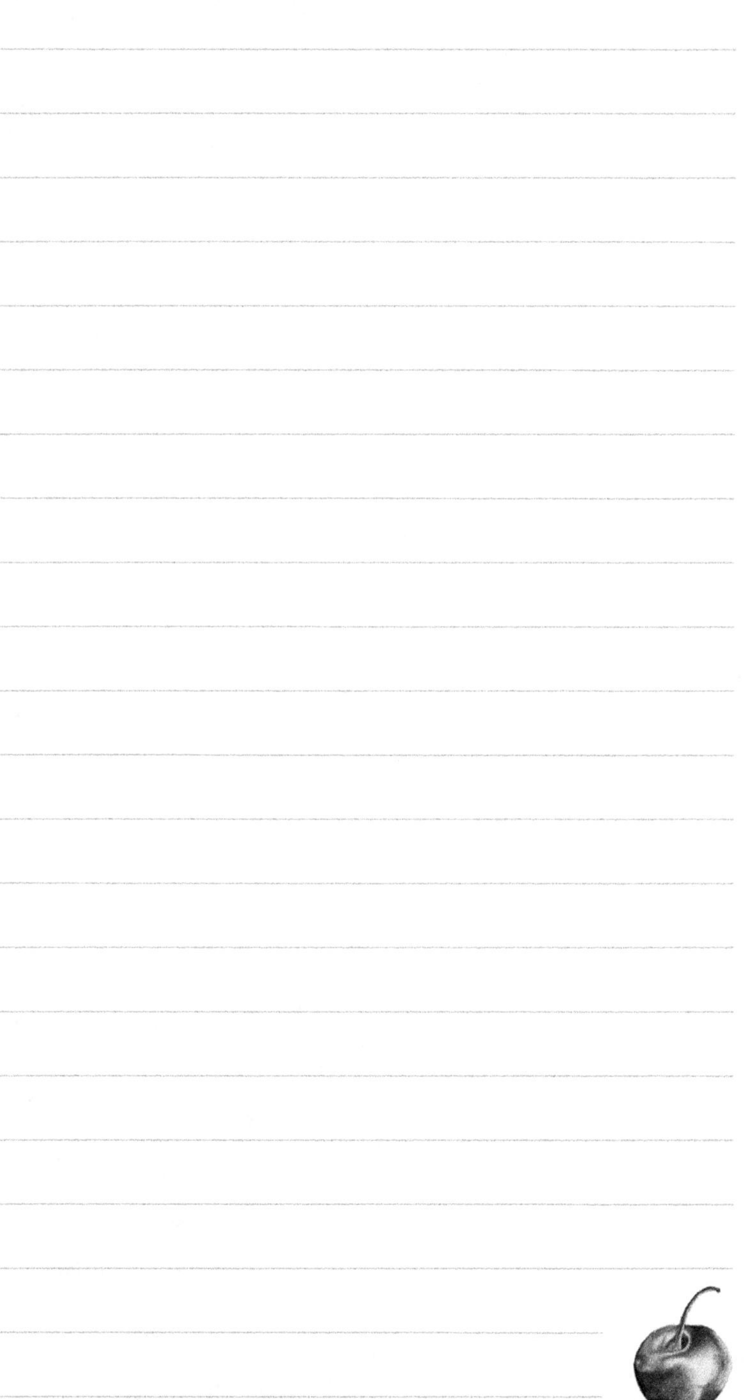

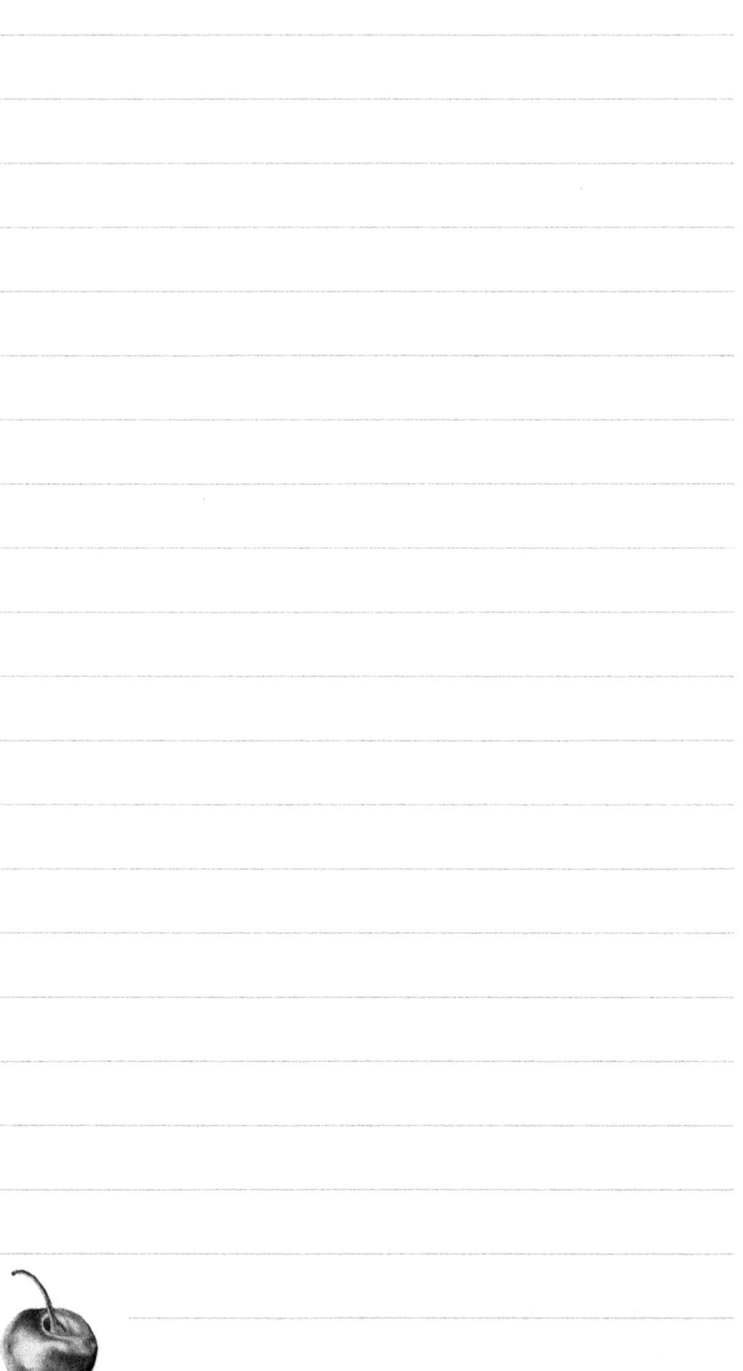

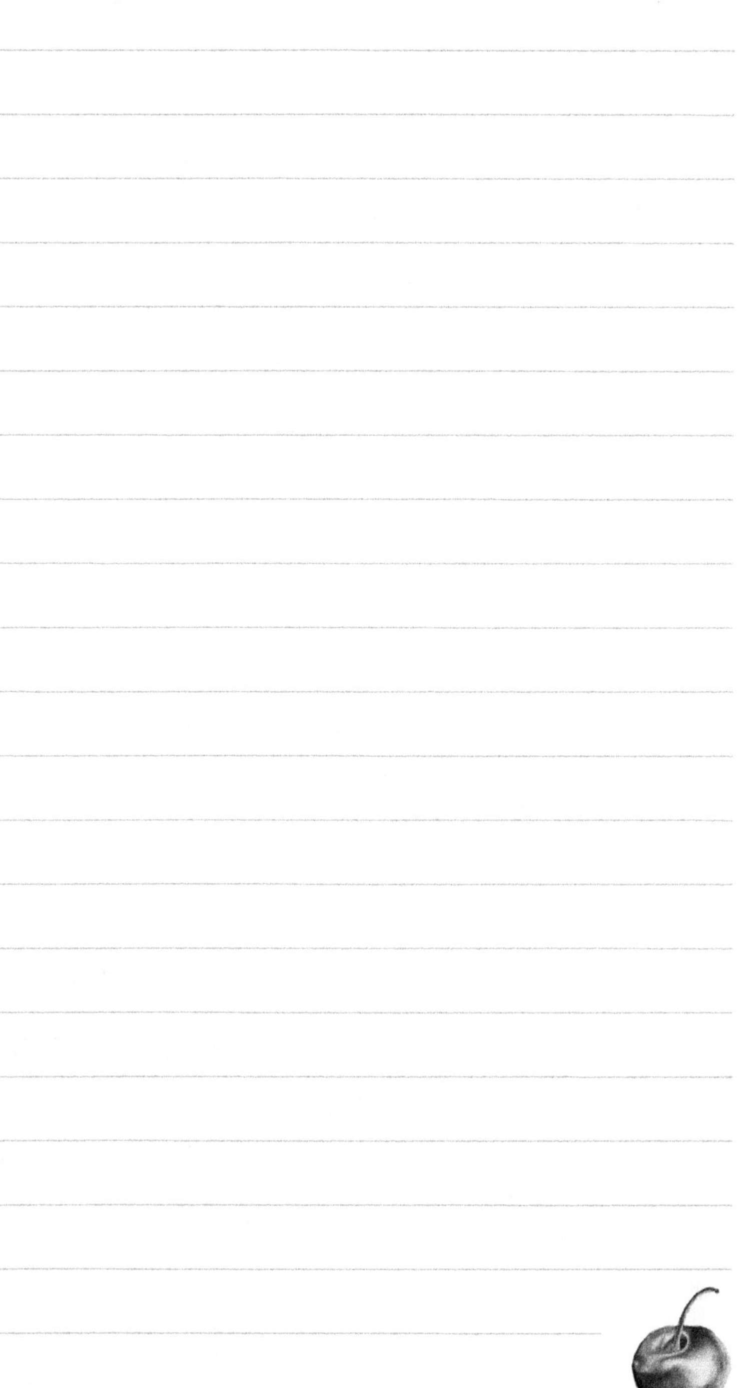

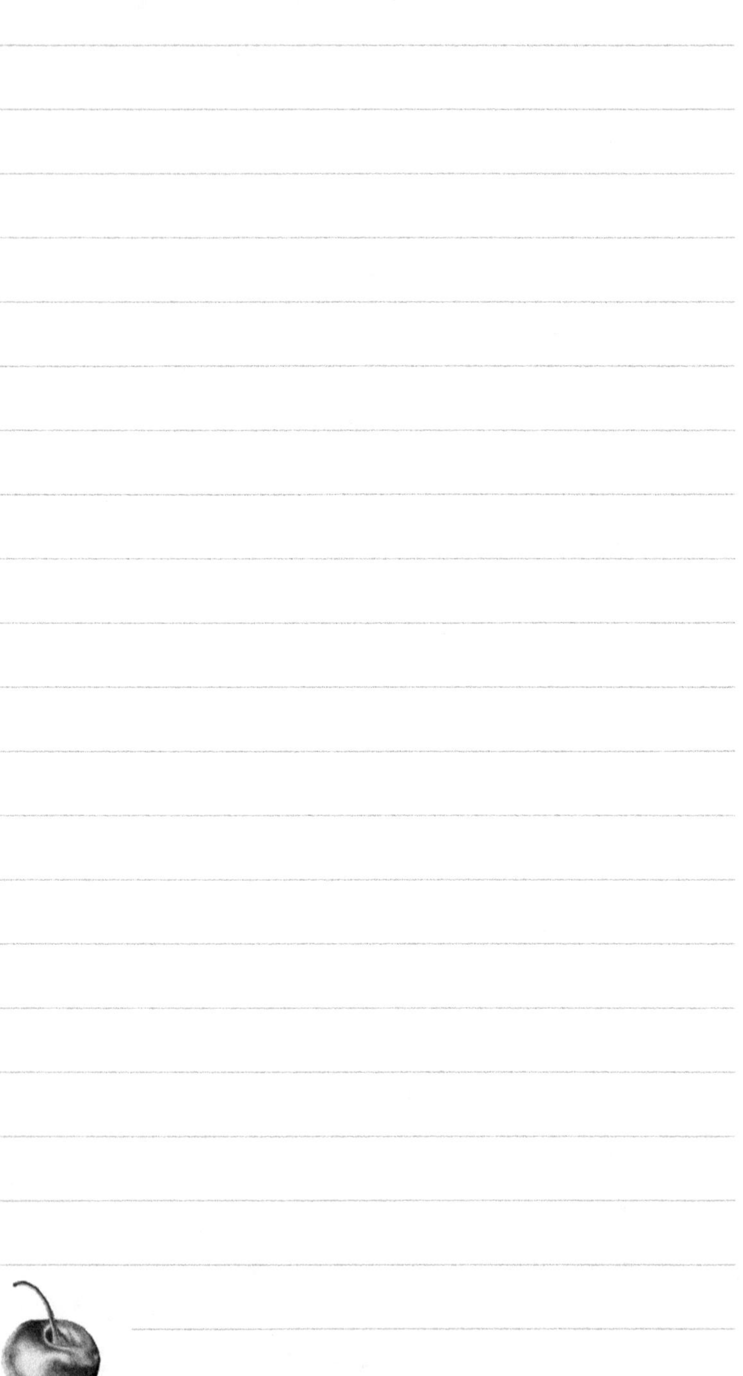

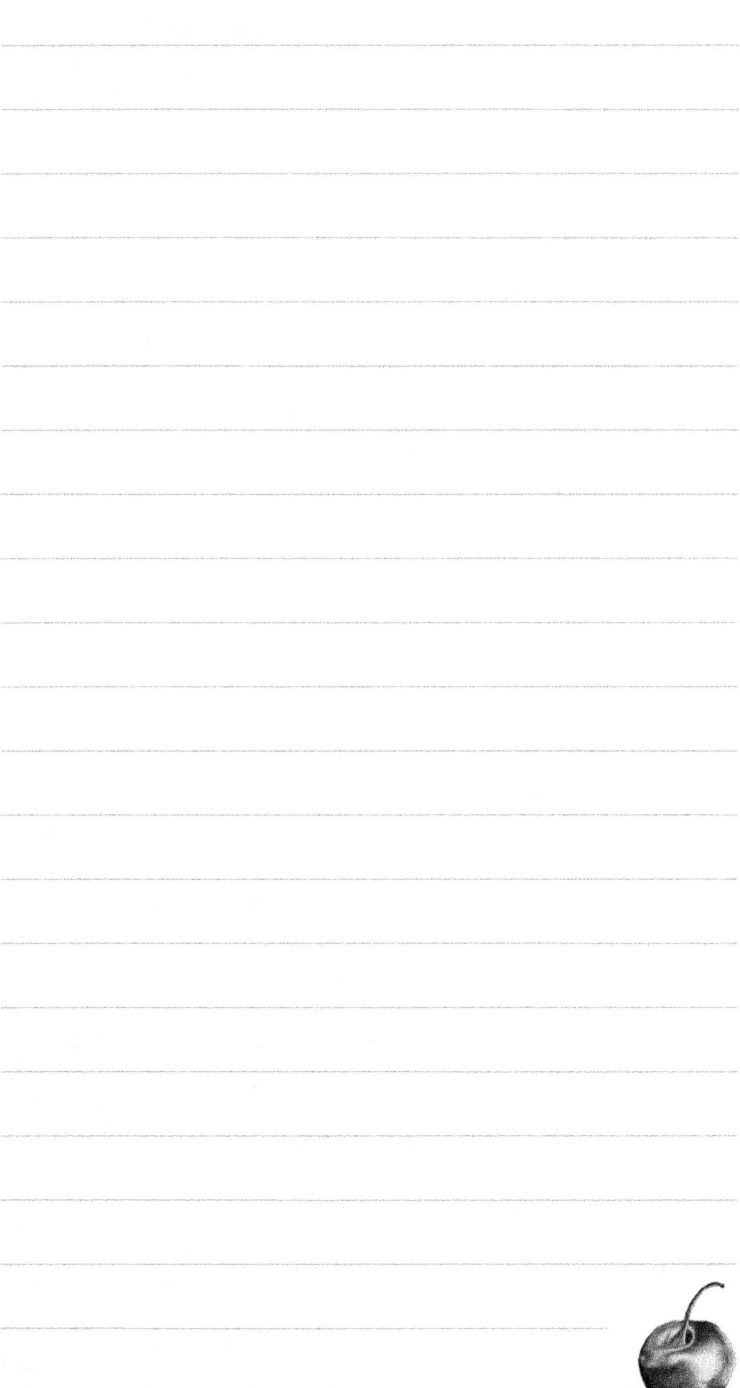